Rudolf Virchow

Die Urbevölkerung Europa's

Rudolf Virchow

Die Urbevölkerung Europa's

ISBN/EAN: 9783744698160

Hergestellt in Europa, USA, Kanada, Australien, Japan

Cover: Foto ©ninafisch / pixelio.de

Weitere Bücher finden Sie auf **www.hansebooks.com**

Die
Urbevölkerung Europa's.

Von

Rudolf Virchow.

Berlin, 1874.
C. G. Lüderitz'sche Verlagsbuchhandlung.
Carl Habel.

Die Herkunft der gegenwärtigen Bevölkerung seines Landes und die eigene Abstammung kennen zu lernen, ist von jeher ein Bestreben des denkenden Menschen gewesen. Nur diejenigen Stämme, welche auf den niedrigsten Stufen der geistigen Entwickelung stehen geblieben sind, entbehren auch dieses Streben. Alle diejenigen, welche, wenn auch vielleicht nur sehr unvollkommen, an der Fortbildung des menschlichen Geistes Theil genommen haben, besitzen wenigstens Sagen und sagenhafte Ueberlieferungen über die Herkunft ihrer Ahnen. Wer sollte nicht auch lebhaft bewegt werden durch eine Betrachtung, welche, neben der Befriedigung des Stammesgefühls, zugleich den Verstand und die Phantasie beschäftigt, indem sie ein Bild von der Geschichte des Menschen selbst, von dem Gange der Cultur und dem Fortschreiten des Menschengeistes überhaupt herzustellen beabsichtigt!

Aber die Erfahrung hat nur zu sehr gelehrt, wie trügerisch dieses Stammesbild gewöhnlich ausfällt. Die Eitelkeit und Beschränktheit des Stammesbewußtseins, welche noch jetzt, wie in der fernsten Vorzeit, zum Hochmuth und zur Selbstüberschätzung führt, treibt die Menschen dazu, ihren Stammbaum wo möglich bis zu dem ersten Ahnherrn, ja bis zur Entstehung des Menschen überhaupt zurückzuverfolgen. Den übrigen Stämmen wird eine gleiche Sorgfalt nicht zu Theil. Höchstens wird, wie in der mosaischen Ueberlieferung, die Geschichte der andern Stämme als ein Anhang an irgend einer Stelle der Stammesgeschichte angefügt. Der Fremde, der Barbar erscheint von dem Standpunkte des Stammes aus als ein seiner Anlage nach niederes, seiner Entwickelung nach rohes Wesen, dem die Ehre einer gemeinsamen Abstammung leicht versagt wird, dem die gastliche Thür des Hauses verschlossen bleibt, ja den zu bekämpfen, zu berauben, zu tödten als ein Verdienst angesehen werden mag. So war es vor Jahrtausenden, so ist es noch jetzt, und nicht-bloß bei wilden Völkerschaften.

Trotzdem ist die Stammesüberlieferung eine wichtige Quelle der Forschung über die Herkunft des Volkes, und wir würden übel daran sein, wenn nicht frühzeitig Dichter und Sänger, später Geschichtsschreiber sich dieser Ueberlieferung bemächtigt und sie einer späteren Nachwelt aufbewahrt hätten. Was in diesen Ueberlieferungen von der Entstehung des Menschen überhaupt erzählt wird, das berührt uns hier nicht. Wie viel weiter würden wir sein, wenn es möglich gewesen wäre, auch die Sage auf ihr eigentliches Gebiet, den Stamm oder das Volk zu beschränken. Aber die Menschen waren damals, wie sie noch jetzt sind. Fühlt doch mancher der heutigen Gelehrten sich auch nicht eher beruhigt, als bis er von der Geschichte des einzelnen Stammes aus bei der Abstammung des Menschen überhaupt angelangt ist und bis er für die lange und dunkle Zeit der Vorgeschichte (Prähistorie) wenigstens einen möglichen Entwickelungsgang ausgedacht hat. Diese „gelehrte Dichtung", wie wir sie nennen wollen, giebt der Sagendichtung (Mythologie) nichts nach, und es ist oft schwer genug, sich dem Zauber ihrer Aufschlüsse zu entwinden. Glücklicherweise stehen uns gegenüber der gelehrten Dichtung die Mittel der Kritik in reicher Fülle zu Gebote und die Wissenschaft mit ihren stets neuen Waffen erkämpft der Wahrheit eine immer breitere Bahn. Aber wo soll die Kritik gegenüber der Sage ansetzen?

So schwierig ein solcher Versuch auch ist, so ist er doch mit Erfolg gemacht worden. Noch über die Sage hinaus führen betretene Wege in das Dunkel der Vorzeit. Auf ihnen gewinnen wir Erfahrungen von längst vergangenen Dingen und unser Auge gewöhnt sich allmählich, auch in diesem Dunkel zu sehen; wir erlangen Macht über die Geister der Sage und zwingen sie zum Bekenntniß. Endlich scheidet sich auch in der Sagengeschichte Dichtung und Wahrheit.

Der erste dieser Wege ist der des Sprachforschers (Philologen, Linguisten.) Von Allem, was der Mensch besitzt, ist die Sprache das am wenigsten „Gegebene". Vieles Andere wird ihm geschenkt, aber gleichwie jeder Einzelne sprechen lernen muß, so müssen sich auch die Völker ihre Sprache machen. Sie ist ein Erzeugniß der Menschen und nicht eine Gabe der Götter. So lange das Volk lebt, so lange „lebt" auch seine Sprache: sie ändert sich nach dem Bedürfnisse der Zeit und der Cultur. Manches darin veraltet und wird vergessen, Anderes wird neu aufgenommen oder geschaffen. Aber alle diese Veränderungen betreffen mehr die Form. Was nicht neu geschaffen, sondern immerfort überliefert und immer nur durch weitere Entwickelung für die Zwecke der Gegenwart in neuer Form brauchbar gemacht wird, das sind die Wurzeln der Worte. Man kann sie die Anlagen der Sprache nennen. Indem wir ihnen nachgehen, indem wir ihre ursprüngliche Bedeutung durch Vergleichung der verschiedenen Sprachen unter einander ermitteln, finden wir nicht bloß die Verwandtschaft der Sprachen, sondern auch die der verschiedenen Völker und Stämme, ja wir sind im Stande, ihre Abstammung von früheren Stämmen und aus fernen Ländern darzuthun. Für die Sprachforschung verschwinden schließlich die Begriffe der Zeit und des Raumes: wie die Mathematik mit Zahlen, so rechnet sie mit Worten, unbekümmert, wann und wo sie gesprochen wurden.

Von einer beschränkten Zahl von Urworten aus, welche durch die Beschaffenheit der menschlichen Sprachorgane und durch die Nachahmung der Naturlaute gegeben wurden, hat sich die Sprache, als das beweglichste Hülfsmittel des menschlichen Geistes, nicht allein unendlich vervollkommnet, sondern auch in eine große Zahl verschiedener Zweige mit besonderen Eigenthümlichkeiten zer= legt. Aber, so verschieden diese einzelnen Sprachen unter sich sind, so ist doch jede von ihnen ein Maaßstab für die Cultur des Volkes, welches sie benutzt, und bewußt oder unbewußt ist der Sprachforscher auch zugleich immer ein Culturforscher im eigent= lichsten Sinne des Wortes. Aus dem gemeinsamen Wurzelschatze der Ursprache nimmt jeder der Stämme, welche einer „Rasse" an= gehören, einen gewissen Bestand an Wurzeln mit sich; und indem er diese nach seinen Bedürfnissen und Erfahrungen benutzt, formt, verbindet, so gestaltet er sich allmählich seine besondere Sprache. Mit jeder neuen Besonderheit der Sprache entfernt er sich aber von seinen Bruderstämmen; mehr und mehr entfremdet er sich ihnen; endlich verstehen sich die verschiedenen Abkömmlinge desselben Urstammes nicht mehr. Die Sagengeschichte weniger Völker reicht bis zu dieser Zeit der Sprachverwirrung oder gar über dieselbe hinaus. Die vergleichende Sprachforschung dagegen kennt keine andere Grenze, als die der Sprache überhaupt. Sie ist nur da ohnmächtig, wo sie von der Sprache eines Volkes überhaupt nichts weiß, wo die Sprache des betreffenden Stammes unbekannt oder verloren ist. Die „stummen" Völker — stumm, njemeczky nannten die Slaven die deutschen Stämme, weil sie ihre Sprache nicht verstanden, — fallen anderen Richtungen der Forschung anheim, als der des Linguisten.

Hier bietet sich zunächst ein verwandter Weg der Untersuchung dar, ein sehr fruchtbarer und breiter Weg, der nicht bloß für die

stummen Völker, sondern für alle insgesammt von höchster Bedeutung ist. Es ist der Weg des Archäologen (Alterthumsforschers).
Hier handelt es sich darum, das Werk der Hände, die Arbeits-
leistungen der Stämme der Vorzeit festzustellen, und zwar an
wirklichen Gegenständen körperlicher Art, an den· Erzeugnissen der
Arbeitsthätigkeit, welche die früheren Geschlechter hinterlassen haben.
Da werden die Gräber der Vorzeit eröffnet, die Ruinen zerstörter
Städte und Burgen umgegraben, uralte Wohnplätze durchsucht,
um aus ihnen Alles zu sammeln von den rohesten Werken der
noch ganz unerfahrenen Hand bis zu den höchsten Leistungen des
Handwerkers und des Künstlers. Auch an diesen Ueberbleibseln
muß das Auge des Forschers den Gang der Cultur rückwärts bis
zu den Uranfängen, bis zu den archaischen Zeiten verfolgen; aus
der Aehnlichkeit der Formen, aus der Uebereinstimmung in der
Behandlungsweise der Rohstoffe, aus der fortschreitenden Kenntniß
und Benutzung der Rohstoffe selbst, aus der Vervollkommnung der
Arbeitswerkzeuge erschließen wir nicht bloß den Culturfortschritt
des einzelnen Volkes, sondern auch seinen Zusammenhang mit anderen Völkern, seine Handelsbeziehungen, seine Wanderungen.

Lange Zeit hindurch hat sich die gelehrte Archäologie nur auf
dem Gebiete der bekannten, historischen Völker bewegt, wo die geschriebene und lesbare Sage und Geschichte zugleich andere Anhaltspunkte für das Urtheil gewährte. Aber auch hier hat sich
mehr und mehr ihre Methode geändert. Man mußte schließlich
den Spaten in die Hand nehmen, um dem Schooße der Erde die
ihm so lange anvertraut gewesenen Schätze zu entreißen. Man
mußte Reisen unternehmen, um an Ort und Stelle die nöthigen
Untersuchungen vorzunehmen. Man mußte bis dahin unbekannte
Sprachen und unbekannte Inschriften „entziffern", welche Inschriften
selbst erst wieder an abgelegenen Felsen aufgesucht oder aus der
Erde ausgegraben worden waren. Man mußte die Arbeitsstoffe

(7)

einer naturwissenschaftlichen Erforschung unterwerfen, um die Zu-
sammensetzung und Abstammung, die Art der Verarbeitung und
Herstellung derselben kennen zu lernen. Ja, man stieß endlich auf
gewisse Ueberreste der Vorzeit, welche sich überhaupt nicht mehr
der eigentlichen Archäologie einfügen ließen, auf Abfälle der Küche
und der Mahlzeiten, auf Rückstände der Jagd, der Viehzucht, des
Ackerbaues, ja auf Ueberbleibsel der alten Menschen selbst.

Und so ist endlich der eigentliche Naturforscher zur Mit-
wirkung aufgerufen worden, um die physischen Merkmale des
Menschen und der Thiere, die Beschaffenheit der Pflanzen und des
Erdbodens in den verschiedenen Zeitaltern und Gegenden zu ermitteln und aus dieser Kenntniß neue Zeichen für die Beziehungen
der vergangenen Geschlechter unter einander zu gewinnen. Dieser
Weg ist nicht bloß der breiteste, denn auf ihm begegnen uns die
verschiedenartigsten Naturgegenstände, sondern auch der längste,
denn er reicht von der Gegenwart bis zu einer Urzeit, für welche
jedes Zeitmaaß, ja jede Vermuthung eines solchen aufhört. Er
ist noch gangbar, wo die Sage, die Sprachforschung längst auf-
gehört haben, wo auch die Archäologie kaum noch den kümmerlichsten
Stoff für ihre Betrachtungen findet, wo des Menschen Gebein
nur noch als eines der Materialien für den Aufbau der Erdrinde erscheint. Dieser entfernteste Theil der Geschichte des Menschen gehört der Paläontologie an, d. h. der Wissenschaft von
den organischen Einschlüssen des Erdbodens. Soweit dagegen die
Naturforschung sich mit dem Studium der geschichtlichen Stämme
beschäftigt, stellt sie die Anthropologie im engeren Sinne des
Wortes dar d. h. die Wissenschaft vom Menschen.

Aus so mannichfaltigen Elementen baut sich die Wissenschaft
der Ethnologie, die Völkerkunde, auf. Das Zusammenwirken so
vieler Einzelfächer sichert dieser jungen Wissenschaft für Gegenwart und Vergangenheit ein Maaß von Zuverlässigkeit und Glaub-

würdigkeit, wie es eine einseitige Forschung nie zu erreichen ver=
mag. Jede Specialrichtung hat ihre besonderen Gefahren: Ein
Stamm kann seine Sprache aufgeben und eine andere annehmen;
er muß dann vom Standpunkte der Sprachforschung einer ganz
anderen Sprachfamilie zugerechnet werden, als der er seiner
Abstammung nach angehörte. Ein anderer tritt in ein ganz
fremdes Culturleben ein, durch Einwirkungen von außen her, ohne
daß zwischen den Produkten seiner früheren Kunst= und Ge=
werbsthätigkeit und denen der späteren irgend ein Zusammenhang
besteht, und ohne daß aus seinen späteren Culturzuständen irgend
etwas in Bezug auf die früheren zu schließen wäre; der Archäologe
wird nichts desto weniger geneigt sein, einen organischen Zusam=
menhang zu suchen. Einzelne Individuen eines Stammes können
in Folge von Einwirkungen, welche nur sie trafen, selbst physisch
ganz andere Eigenschaften erlangen, als ihrem Stamme sonst zu=
kommen, und niemand ist berechtigt, aus ihren Eigenschaften auf
die Stammesmerkmale Rückschlüsse zu machen. Und doch wird
der Anthropolog, wo ihm nur Einzelheiten z. B. einzelne Schädel
vorliegen, nur zu leicht verführt, individuelle Eigenthümlichkeiten
für Stammes= oder Rassen=Merkmale zu nehmen.

Die Kenntniß so zahlreicher Fehlerquellen, wie sie eine ein=
seitige, wenngleich übrigens ganz vortreffliche Forschung mit sich
bringt, ist erst nach langen und sehr störenden Erfahrungen ge=
wonnen worden. Noch gegenwärtig ist keineswegs ein so harmo=
nisches Zusammenwirken aller Einzelrichtungen in der Ethnologie
erreicht, daß eine allgemeine Uebereinstimmung in den Ergebnissen
zu Stande gekommen wäre. Selbst für den verhältnißmäßig so
kleinen Erdtheil, der unsere Heimath ist, sind die Ansichten noch
so wenig geklärt, daß es fast verwegen erscheinen könnte, die Frage
nach der Abstammung der europäischen Völker in einem gemein=
verständlichen Vortrage zu behandeln.

Europa ist sehr spät in die bewußte Culturentwickelung, welche durch geschriebene Ueberlieferung übermittelt wird, eingetreten. Zu einer Zeit, wo in Indien und China, in Assyrien und Aegypten schon längst geordnete Culturstaaten bestanden, treffen wir in Europa noch ein wüstes Durcheinander von Stämmen, die kaum ihren Namen nach bekannt sind. Von Osten her kommen ihnen die ersten Lehren einer höheren Bildung, und sinnreich leitet die altgriechische Sage selbst den Namen Europa von einer phönicischen Königstochter her, die ein göttlicher Stier von ihrem heimischen Gestade über die See nach Kreta führt. Griechenland und nächstdem Italien werden die Urstätten der europäischen Cultur. Als noch der ganze Norden Europas in „kimmerischer Nacht" lag, als noch die Donau und die Alpen fast die äußersten Grenzen der bekannten Welt darstellten, da blühte schon in Hellas Kunst und Wissenschaft, und es entstanden jene Wunderwerke der Poesie, der Architektur, der Bildhauerkunst, der Philosophie, der Geschichtsschreibung, der Naturforschung, welche immer und immer wieder durch Jahrtausende hindurch die edelsten Geister aller Nationen zu frischer Begeisterung aufgerufen haben, und an welche fast jede neue Culturbewegung anknüpft.

Deutschland (Germanien) wurde erst um die Zeit von Christi Geburt, und zwar auch nur in seinen westlichen und südlichen Theilen bekannt. Frankreich (Gallien) ist mehr als ein halbes Jahrtausend früher wenigstens in seinen Küstengegenden erschlossen worden. Die griechische Geschichte aber läßt sich bis gegen das 15. Jahrhundert, die italische bis etwa ein Jahrtausend vor Christi Geburt zurückverfolgen. Als unser ferner Nordosten der eigentlichen Geschichte zugänglich wurde, da war nicht nur der Stern Griechenlands längst erloschen, sondern auch das römische Reich lag schon in Trümmern. Die Grenzen der prähistorischen Forschung sind daher für die verschiedenen Länder und Völker ganz

verſchiedene. Für gewiſſe Theile von Inner=Afrika und Central=
Auſtralien, für Neu=Guinea und Nord=Grönland iſt noch bis heute
die Vorgeſchichte nicht abgeſchloſſen. So war es einſt auch in
Europa.

Und doch, ſo weit aus einander die Epochen für den Eintritt
der einzelnen europäiſchen Völker in die geſchichtliche Entwickelung
liegen, ſo verſchieden von einander dieſe Völker ſind, überall
knüpfen die älteſten Erzählungen nicht an ſeßhafte Stämme an,
ſondern an Wandervölker. Freilich werden dabei gelegentlich
auch Ureingeborne erwähnt. So ſprechen die Griechen von Au=
tochthonen, die Italiker von Aboriginern, aber es iſt mehr als
zweifelhaft, ob nicht auch dieſe Ureingebornen frühere Einwanderer
waren. Das iſt ganz ſicher, daß die eigentlichen Cultur=
ſtämme eingewandert ſind. Und zwar weiſen alle einhei=
miſchen Sagen auf eine Einwanderung von Oſten her. Die
griechiſchen Sagen weiſen nach Kleinaſien, die italiſchen nach der
Küſte des adriatiſchen Meeres. Die Kelten im heutigen Frankreich
kommen das Donauthal herauf vom ſchwarzen Meere, die Germanen
des heutigen Deutſchlands erſcheinen zu einer gewiſſen Zeit im
Herzen von Rußland, und ſelbſt im fernen Schweden meldet die
Sage den Zuzug der Aſen aus dem fernen öſtlichen Continent.

Keines dieſer Völker hatte zu der Zeit, da es anfing, ſeine
geſchichtlichen Ueberlieferungen zu ſammeln und feſtzuſtellen, eine
Ahnung davon, daß eines dem anderen oder gar alle die anderen
ihm verwandt ſeien. Im Gegentheil, jedes hielt ſich für ein be=
ſonderes, von den andern gänzlich verſchiedenes.

Wie der Grieche in dem Römer den Fremden niederer Raſſe
verachtete, ſo galt dem Römer noch bis kurz vor der chriſtlichen
Zeitrechnung der Grieche eben ſo gut für einen Barbaren, als der
Kelte oder der Germane; die moderne Vorſtellung von einem ur=
ſprünglich einheitlichen italo=gräkiſchen Volksſtamme würde ſowohl

in Rom, als in Athen nur ungläubige Geister getroffen haben. Das klassische Alterthum ist nie über den Gedanken von der ursprünglichen Verschiedenheit der Völker hinausgekommen, und gerade das giebt seinen ethnologischen und culturhistorischen Vorstellungen ein von dem gegenwärtigen durchaus verschiedenes Gepräge.

Nur die Ethnologie der Juden ruhte auf einer mehr universellen Anschauung, und so sehr dieselbe auch abgeschwächt wurde durch den hochmüthigeu und später so verderblichen Gedanken, daß die „Kinder Israel" das auserwählte Volk Gottes seien, so fand doch das Christenthum in der nie· ganz erloschenen Vorstellung von der ursprünglichen Brüderschaft aller Völker eine mächtige Grundlage, namentlich der paulinischen Richtung. Wissenschaftlich ward diese Vorstellung durch die kirchlichen Lehrer freilich nie begründet; für die römischen Bischöfe ward sie trotzdem eine der Voraussetzungen für die Weltherrschaft ihrer Kirche, welche davon den Namen der katholischen trägt. Jahrhundert nach Jahrhundert verging, ohne daß die Forschung nach dem verwandtschaftlichen Zusammenhange der Völker anders, als im Anschlusse an die jüdischen, griechischen oder römischen Sagen behandelt wurde. Erst der neuesten Zeit und vor Allem der deutschen Wissenschaft blieb es vorbehalten, wenigstens für die Wandervölker Europa's das Dunkel ihrer Herkunft zu lichten.

Unsere Anthropologen, vornehmlich der würdige Blumenbach), waren es, welche die weiße Bevölkerung Europa's nach physischen Merkmalen zu einer einzigen Rasse vereinigten, der sie eine gemeinsame Urheimath und zwar am Kaukasus zuwiesen, weßhalb sie ihr den Namen der kaukasischen beilegten. Dann kamen die deutschen Sprachforscher, Adelung, Wilhelm von Humboldt, Bopp, Schleicher, welche auch vom sprachlichen Standpunkt aus die gemeinschaftliche Abstammung darthaten. Aber sie gingen einen Schritt weiter. Sie zeigten, daß auch noch

viel weiter östlich wohnende Völker, die Perser, die Inder, derselben Urfamilie zugehörten, wie wir selbst; sie nannten dieselbe
daher die i n d o g e r m a n i s c h e und verlegten die Urheimath in das
innerasiatische Hochland gegen das Gebirge des Hindukusch. Indeß
der Name der Indogermanen war gleichfalls zu eng gegriffen;
da unzweifelhaft auch die Kelten, die Italo-Gräfer, die Slaven
und die Letten demselben Urstamme zugehören, so erwachte nicht ohne
Grund die nationale Eifersucht. So ist es denn mehr und mehr
Sitte geworden, von dem Namen des Berglandes Iran oder Eran
die ganze Rasse als die i r a n i s c h e oder a r i s c h e zu bezeichnen.

Seitdem sind die uralten Religionsbücher der Perser und
Inder, welche in der Zend- und Sanskritsprache geschrieben sind,
die wichtigsten Quellen unserer Linguistik geworden. Aber auch
sie belehren uns nicht darüber, wie und wann die Auswanderung
der später europäischen Völker geschah. Selbst die Sage läßt uns
hier im Stich. Auch die Archäologie hat eben erst angefangen,
vergleichende Studien über die spärliche Hinterlassenschaft der altarischen Kunst anzustellen. Mit den größten Schwierigkeiten und
nur in den gröbsten Zügen läßt sich nachweisen, wie ein Stamm
nach dem andern das iranische Bergland verlassen hat, wenige,
wie das altindische Volk, nach Süden und Osten ziehend, die
meisten gen Westen hin. Aber während einzelne, wie der italo-
gräfische Stamm, offenbar ihren Weg südlich vom Caspi-See
und dem schwarzen Meere über Klein-Asien und den Hellespont
nahmen, scheinen andere, wie die Kelten, die Germanen und die
Slaven die Straße nördlich von diesen großen Wasserbecken ge-
wählt zu haben, die einen südlich von den Karpathen, die andern
nördlich.

Bei solchen Wanderungen liegt es nahe zu schließen, daß
eine gewisse Folge in denselben stattfand. In der That spricht
Manches dafür, daß die Italo-Gräfer früher, die Kelten später,

dann die Germanen, zuletzt die Slaven aufgebrochen sind, und es
ist möglich, daß zwischen dem Aufbruche der ersten und der letzten
ein Zeitraum von zwei Jahrtausenden oder mehr liegt. Scheinen
doch die Slaven erst um das 6. Jahrhundert nach Christo in
ihre heutigen Wohnplätze eingerückt zu sein, — Zeit genug, um
den einstmaligen Zusammenhang zu vergessen.

Folgte ein Stamm dem anderen, so wird man ihre späteren
Sitze auch in einer entsprechenden räumlichen Folge hinter einander, höchstens neben einander suchen dürfen, und man könnte meinen,
in dieser räumlichen Aufeinanderfolge von Osten nach Westen
ein entscheidendes Merkmal für die Zeitfolge der Wanderungen
gewonnen zu haben. Allein die Geschichte lehrt, daß auch dieses
Merkmal ein sehr trügerisches ist. Der Brief des Apostels Paulus
an die Galater in Klein-Asien erinnert uns daran, daß zur Zeit
dieses Apostels ein keltischer Stamm (Kelten, Gallier, Galater)
südlich vom schwarzen Meere und östlich vom Hellespont um den
Fluß Halys saß, und noch viel spätere Aufzeichnungen lehren, daß
dieser Stamm dieselbe Sprache redete, wie die Kelten an der Donau
und jenseits des Rheines. Der heilige Hieronymus (im 5.
Jahrh. nach Chr.) versichert auf Grund eigener Erfahrung, daß
die Galater fast dieselbe Sprache hatten, wie die Trevirer (bei
Trier), und als Kaiser Friedrich der Rothbart auf seinem Kreuz-
zuge im Jahre 1190 mit bairischem Kriegesvolk nach Klein-Asien
kam, da fanden sie „nahe bei Armenien" Völker, welche die
boische Sprache gebrauchten. Wenn wir nun einfach nach räumlichen Merkmalen urtheilen wollten, so würden wir nichts natür-
licher finden, als daß der Wanderungszug der Urkelten südlich vom
schwarzen Meere ging, daß einzelne ihrer Stämme schon in
Klein-Asien sitzen blieben, andere an der Donau, und daß andere endlich nach Gallien, Oberitalien, Spanien und Britannien
gelangten.

Aber die Geschichte belehrt uns eines anderen. Sie zeigt uns boische Kelten sowohl an der oberen Donau, als auch in Süd= frankreich, aber sie belehrt uns auch, daß die Boer oder Bojer (Bojuarier, Bayern) südwärts nach Italien, und endlich ostwärts nach Thracien und über den Hellespont nach Phrygien zogen. Die galatische Colonie kam also von Westen her in völlig rückläufiger Richtung; ihre Anwesenheit besagt gar nichts über die ursprüng= liche Straße, auf welcher sich die Ureinwanderung vollzog. Die östliche Besiedelung, obwohl der Urheimath sehr viel näher, als die westlichste in dem spanischen Gallicien, ist doch sehr viel jünger, denn sie erfolgte erst in den Jahren 281—278 vor Christi Geburt.

Dieses Beispiel beweist, wie unsicher die ethnologische Forschung ist, wo sie ohne bestimmte geschichtliche Anhaltspunkte arbeiten muß. Noch heute sitzen im fernen Siebenbürgen deutsche Sachsen mit deutscher Sprache und deutschen Rechtseinrichtungen, ganz abge= trennt von dem großen Kern der deutschen Nation durch magya= rische und slavische Ungarn; ihre weit nach Osten vorgeschobene Lage könnte leicht die Meinung erwecken, die Sachsen seien über Siebenbürgen in Deutschland eingewandert, während doch un= zweifelhaft das Umgekehrte richtig ist.

Noch schwieriger gestaltet sich die Sache, wo wir weder ge= schichtliche Anknüpfungen haben, noch irgend ein anderer näherer Völkerkern vorhanden ist, an welchen wir anknüpfen könnten. So verhält es sich mit den lettischen Stämmen, zu denen die noch heutigen Tags im russischen und preußischen Litthauen ansässigen Letten und die alten Preußen gerechnet werden. Letztere nahmen einstmals den größeren Theil des jetzigen Ostpreußen ein, bis sie von den Deutschordens=Rittern unterworfen, zum Theil vernichtet und durch deutsche Einwanderer überfluthet wurden. Noch jetzt wird die lettische Sprache, freilich nur noch in einem ganz be=

schränkten Gebiete, gesprochen, und namhafte Sprachforscher, beson=
ders der verdiente Schleicher, haben den Nachweis geliefert, daß
sie unter allen in Europa gesprochenen indogermanischen Sprachen
diejenige ist, welche dem Sanskrit der Inder am ähnlichsten ist. Man
darf daraus schließen, daß sie älter ist, als das Griechische, das Latei=
nische, das Keltische, das Germanische und das Slavische, welches letz=
tere dem Lettischen freilich am nächsten steht. Wie soll man sich das
Vorkommen einer solchen, ringsum von slavischen Stämmen umwohn=
ten Völkerinsel erklären? Da die Slaven hinter ihnen oder östlich von
ihnen einen großen Theil von Rußland einnehmen, so ist es kaum
denkbar, daß die Letten später, als die Slaven aus der Urheimath aus=
gewandert sind, und obwohl sie wiederum östlich, also hinter den Ger=
manen wohnen, so müssen wir doch wohl zulassen, daß sie auch schon
vor den Germanen an ihrer jetzigen Stelle angelangt waren, und daß
nur ihre von der Hauptrichtung der Wanderungen abgelegene An=
siedelung sie vor der Gefahr geschützt hat, zwischen Germanen und
Slaven schon vor Jahrtausenden zerdrückt zu werden.

Ein einigermaßen ähnliches Beispiel treffen wir auch im
Süden wieder. In dem schwer zugänglichen Berglande, welches
sich nördlich von Griechenland an der Ostküste des adriatischen
Meeres hinzieht, findet sich seit den ältesten Zeiten der geschicht=
lichen Ueberlieferung gleichfalls eine abgeschlossene Völkerinsel, die
illyrische. In sehr früher Zeit scheinen sich die Wohnsitze der
Illyrer um den Nordrand der Adria herum bis nach Italien er=
streckt zu haben, und es ist nicht unwahrscheinlich, daß der uralte
Stamm der Heneter oder Veneter ihnen zugehörte. Später sind
sie von Griechen und Römern, von Kelten, Germanen und Slaven
vielfach verschoben und unterworfen worden. Nur in den Bergen
Albaniens hat sich bis auf unsere Tage der durch seine Unab=
hängigkeitsliebe, Wildheit und fast ursprüngliche Einfachheit aus=
gezeichnete Volksstamm der Skipetaren, welche von den Abend=

ländern Albanesen, von den Türken Arnauten genannt werden, erhalten. Noch jetzt sprechen sie eine eigenartige Sprache von indogermanischer Abkunft.

Für unsere gegenwärtige Darstellung ist es glücklicherweise nicht entscheidend, zu wissen, wann und in welcher Reihenfolge jeder einzelne der arischen Stämme in Europa eingewandert ist, und wann er seine definitiven Sitze eingenommen hat. Eine solche Bestimmung wäre überaus schwierig, da die Mehrzahl dieser Stämme sich auch in historischer Zeit immer noch verschoben hat, bis endlich durch die große Völkerwanderung im 5. Jahrhundert nach Christo diese uralte Schiebung der arischen Stämme von Ost nach West zu einem gewissen Abschlusse gebracht wurde. Die Hauptsache für uns ist der, theils durch geschichtliche und sagenhafte Ueberlieferung, theils durch sprachliche, kunstgeschichtliche und naturwissenschaftliche Forschung, theils endlich durch bloße Analogie gestützte Satz, daß alle aus arischer Wurzel hervorgegangenen europäischen Stämme von Osten her eingewandert sind.

Dieser Satz schließt die Möglichkeit nicht aus, daß dieselben Stämme oder wenigstens einzelne von ihnen die Urbevölkerung derjenigen Gebiete bildeten, in welchen wir sie zuerst antreffen. So steht es ja durch bestimmte Nachrichten fest, daß eine arische Bevölkerung aus Skandinavien, sogenannte Normannen (Nordmänner), seit 873 nach Christo in Island einwanderten, welches sie gänzlich leer von Menschen fanden. Keine historische Thatsache steht der Annahme entgegen, daß die Illyrer die ersten Menschen waren, welche am dalmatischen Gestade anlangten. Aber die illyrische Geschichte ist überaus dürftig; was wir von ihr wissen, stammt nicht aus einheimischen Ueberlieferungen, sondern aus griechischen und römischen Schriftstellern. Je älter die beglaubigte Geschichte in einem der arischen Völker Europa's ist, in je früherer Zeit es einen höheren Grad von Bildung erreicht hat, um so mehr Erinnerungen haben sich davon erhalten, daß zur Zeit seiner Einwanderung schon andere Völker in dem Lande gewohnt haben. Sowohl die alten Griechen, welche sich bekanntlich Hellenen nannten, als auch die Römer legten großen Werth darauf, sich als Urvolk (Autochthonen, Aboriginer) zu betrachten, und doch erzählen sie von älteren Völkern, die vor ihnen den Boden Griechenlands und Italiens bewohnt haben.

So erscheint nach allgemeinem Zugeständniß in Griechenland weitverbreitet und vielleicht schon früh nach Süditalien hinübergreifend der Stamm. der Pelasger. Aber, obwohl unzweifelhaft vorhellenisch, ist doch auch er aller Wahrscheinlichkeit nach arisch. Hr. Curtius hat mit guten Gründen die Ansicht vertreten, daß Pelasger und Hellenen nur verschiedene Zweige desselben Grundstammes waren, und neueste Gräberfunde scheinen diese Auffassung zu bestätigen. Ob aber vor den Pelasgern, die wir von diesem Standpunkt aus, troß des Mangels jeder entsprechenden Sage, als eingewandert ansehen müssen, noch eine ältere Urbevölkerung vorhanden war, das ist eine Frage, welche nicht mehr der Geschichte angehört; sie fiel bis in die neueste Zeit ganz und gar dem Gebiete der Mythologie anheim. Von Pelasgos selbst, dem angeblichen Stammvater des pelasgischen Volkes, berichtet die Sage, daß er in dem schwer zugänglichen Berglande Arkadien, welches die Mitte des Peloponnes einnimmt, aus dem Schooße der Erde geboren sei, und die Arkadier verlegten diese Zeit so weit zurück, daß sie ihr Geschlecht für älter als den Mond hielten. Troßdem wußten alle hellenischen Stämme viel zu erzählen von Begebenheiten, welche schon vor Pelasgos und vor der Menschheit überhaupt sich zugetragen hatten; die Geschichte nicht nur der Götter, sondern auch der ihnen nahe stehenden Titanen und Giganten wird mit Ausführlichkeit berichtet, und es darf wohl die Frage aufgeworfen werden, ob nicht in diesen Erzählungen, welche vielfach bis tief in die Geschichte der sogenannten Heroen oder Halbgötter hineinreichen, namentlich

in den Kämpfen der Götter mit den Titanen und Giganten (zu
deutsch Riesen), in ähnlicher Weise, wie es die nordische Mythologie thut, dunkle Erinnerungen an uralte Menschengeschlechter verborgen sind. Wenn der Name des einen Titanen, Jápetos, wie
gewiß mit Recht hervorgehoben ist, eine auffällige Aehnlichkeit mit
dem mosaischen Japhet, dem sogenannten Stammvater der nördlichen Völkerstämme, darbietet, und wenn als sein Sohn Prome-
theus, der Feuerbringer und in dieser Eigenschaft der Urheber
aller menschlichen Cultur, genannt wird, so mag darin ein Hin-
weis auf fremde, namentlich phönicische Einwanderung gesehen
werden. Aber der weitere Ausbau aller dieser Sagen ist doch unzweifelhaft griechisch, und wenn bisher von einem an sich berech-
tigten, aber sicherlich übertriebenen Standpunkt aus die ganze
hellenische Mythologie auf eine bloße Personifikation von Zuständen
und Begebenheiten der Natur und des menschlichen Geistes zurückgeführt worden ist, so dürfen wir aus Gründen, die gleich nachher
berührt werden sollen, wohl verlangen, daß die Untersuchung neu
aufgenommen werde, ob nicht auch ein bestimmter Kern wirklicher,
von Menschen ältester Art bewirkter Ereignisse in diesen Mythen
verborgen liegt.

Die italischen Erinnerungen haben uns bestimmtere Anhaltspunkte hinterlassen. Sie knüpfen sich an zwei bestimmte Volks-
namen. Im Süden an die Sikaner. Von ihnen wird erzählt,
daß sie in ältester Zeit die ganze Insel Sicilien bewohnt hätten,
welche von ihnen den Namen Sikania trug. Ob sie die aller-
älteste Bevölkerung waren, bleibt dahingestellt, denn die Sage
nennt vor ihnen noch Lästrygonen und sonderbarer Weise auch
hier wieder Kyklopen. Ueber die Sikaner wird gleichmäßig von
den besten Schriftstellern (Thucydides, Strabo, Dionysios
von Halikarnassos) berichtet, daß sie Iberer seien. Sie selbst freilich
hielten sich für Autochthonen. Noch zur Zeit des Thucydides

(im 5. Jahrhundert v. Chr.) behaupteten sie sich in den westlichen
Theilen der Insel. Woher sie gekommen, ist zweifelhaft; eine Er-
zählung ging dahin, daß sie früher am Fluß Sicanus in Iberien
gewohnt hätten und von da durch Ligurer vertrieben seien. Jeden-
falls ließen die alten Schriftsteller auch Corsica und Sardinien
zum Theil durch iberische Stämme bewohnt werden.

Die Sikaner wurden, nach einigen schon drei Menschenalter vor dem
Falle Troja's, nach andern 300 Jahre vor der Gründung griechischer
Colonien auf Sicilien im 8. Jahrhundert, aus den östlichen und
nördlichen Theilen der Insel mit Gewalt vertrieben durch die Si-
culer, von denen die Insel den Namen Sicilien annahm. Dieses
Volk hatte vorher einen großen Theil der italischen Halbinsel be-
wohnt, denn es wird von Plinius an der Ostküste des nörd-
lichen Italiens zusammen mit den Liburnern, einem illyrischen
Stamme, und von Dionysios u. A. an der Westküste des mittleren
Italiens genannt. Im Osten wurde es durch die Umbrer, im
Westen durch die Aboriginer, im Süden durch die Oenotrier vertrieben, bis es endlich die Meerenge überschritt. Mit den
Umbrern und Aboriginern treten uns die eigentlich lateinischen
Stämme entgegen, aus denen die römische Herrschaft sich auf-
baute. Trotz ihres Anspruches auf Aboriginalität werden wir
kein Bedenken tragen können, die Vorfahren der Lateiner für Einwanderer von Nordosten her zu halten, denn sie sind unzweifelhaft
arischen Stammes, nächste Verwandte der Hellenen, wie vielleicht
die Siculer nächste Verwandte der Illyrer. Die successive Ver-
drängung der Sikaner durch die Siculer, dieser durch die Umbrer
und Aboriginer zeigt deutlich den Gang der von Nord nach Süd
gerichteten Einwanderung, nahezu in derselben Linie, welche in
späterer Zeit die Einbrüche der Kelten und Germanen nahmen.

Gewissermaßen neben dieser Linie, welche ihre natürliche
Erklärung in der Gebirgsbildung Italiens findet, wohnte ein

anderes Urvolk. Ich meine nicht die Etrusker oder Tusker, von denen das heutige Toscana den Namen trägt, sondern die Ligurer (griechisch Ligyer). In späterer Zeit bewohnten ihre Stämme die nordwestlichen Ausläufer des Apennin und das heutige Piemont, ja das ganze Küstenland bis zur Rhone. Vordem reichte ihr Gebiet nach Osten und Süden sehr viel weiter. Hr. Nicolucci hat eine Reihe von Thatsachen zusammengestellt, aus welchen hervorzugehen scheint, daß in ältester Zeit die Ligurer an der Westküste bis zur Tiber-Mündung herab wohnten, und daß im Gebiete des Po ihre Stämme bis Verona, Brescia und zu den Euganeischen Gebirgen reichten. In beiden Richtungen wurden sie von den Etruskern zurückgedrängt, bis sie in dem Berglande um die Quellflüsse des Po eine Stütze fanden. Erst die erstarkende Macht der Römer brach auch hier ihren Widerstand. Nichtsdestoweniger blieben sie die eigentliche Bevölkerung der Nordwestecke von Oberitalien, und derjenige Kleinstaat, welcher in neuester Zeit ganz Italien die Einheit gebracht hat, Sardinien, hat den Namen eines dieser altligustischen Stämme, der Sarden, bis auf uns gebracht.

Wer waren nun diese Ligurer? und von wo kamen sie? Mehr und mehr ist im Laufe der letzten Jahrzehnte die Meinung verbreitet worden, daß die Ligurer nahe verwandt mit den Iberern gewesen seien. Von diesen ersehen wir aus den ältesten Reiseberichten phönicischer und karthagischer (punischer) Seefahrer, daß sie einstmals die ganze „iberische" Halbinsel, das heutige Spanien und Portugal, bewohnten und daß sie auch am Ostrande der Pyrenäen noch ein großes Stück der in cäsarischer Zeit als Aquitanien bezeichneten Provinz Galliens besaßen. Hr. Müllenhoff hat in einer neueren Arbeit dargethan, daß die Ueberreste der ältesten, uns erhaltenen Urkunde über diesen Theil Europa's, einer Reisebeschreibung, herübergenommen aus einer altphönicischen

Schrift, die Grundlage der „Ora maritima" (Seeküste) des Avienus bildete, und daß jene älteste Reisebeschreibung im 6. Jahrhundert vor Christo abgefaßt sein müsse. Gegen das Ende dieses oder den Anfang des 5. Jahrhunderts faßten die Karthager Fuß auf der iberischen Halbinsel, wo vor ihnen ihre Stammesgenossen, die Phönicier von Tyrus, eine ausgedehnte Herrschaft besessen hatten. Letztere aber hatten sich schon in Iberien angesiedelt, ehe noch der Einbruch der Kelten in das Land erfolgt war, und es ist für das Alter jener alten Beschreibung der Seeküste bezeichnend, daß auch sie noch keine Kelten, weder in Iberien, noch in Gallien kennt. Die Einwanderung der Kelten geschah demnach frühestens in der zweiten Hälfte des 6. Jahrhunderts. Seitdem bildete sich in einem großen Theile der iberischen Halbinsel jenes Mischvolk der Keltiberer, welches die Schriftsteller des Alterthums wegen seiner kriegerischen Leistungen, namentlich wegen seines Widerstandes gegen Karthager und Römer viel gepriesen haben. Ein einziger iberischer Stamm scheint sich von der Vermischung freigehalten zu haben: der schon von Strabo unter dem Namen der Vasconen aufgeführte Stamm der Basken, der noch jetzt die baskischen Provinzen im äußersten Nordosten der Halbinsel bewohnt und auch über die Pyrenäen hin= über bis tief nach Frankreich (Béarn) reicht. Noch heutigen Tages be= wahrt dieser Stamm seine uralte Sprache, deren Studium seit Wilhelm von Humboldt zahlreiche Sprachforscher beschäftigt hat, ohne daß es bis jetzt gelungen wäre, ihre Verwandtschaft genau nachzuweisen. Möge es vorläufig genügen zu wissen, daß nach allgemeiner Uebereinstimmung die baskische oder iberische Sprache keine arische (indogermanische) ist. Alles vereinigt sich hier, den Anspruch dieses Volkes als urältester Aboriginer zu unterstützen.

Wie weit die Iberer ihre Wohnsitze ausgedehnt haben, ist schwer zu bestimmen. Wir haben sie schon auf Sicilien, Sar=

dinien und Corsica kennen gelernt. Manche sind geneigt, sie auch auf der Westküste der italischen Halbinsel zuzulassen. Endlich findet sich eine zweideutige Stelle bei Tacitus, wonach es scheinen könnte, daß sie auch in Britannien waren. Denn dieser zuverlässige Geschichtsschreiber sagt von dem Stamme der Siluren im Süden des gegenwärtigen Wales, daß ihr dunkles Gesicht und meist krauses Haar es glaublich machten, daß alte Iberer von Hispanien dorthin übergesetzt und angesiedelt seien.

An der Südküste Galliens grenzten die Iberer schon zur Zeit, als kleinasiatische Griechen von Phokis Massilia, das spätere Marseille, gründeten (600 vor Chr.), an die Ligurer, und ein gewisser Theil dieser Küste, westlich von der Rhone = Mündung, wird als gemeinschaftlicher Besitz einer gemischten, iberisch = ligustischen Bevölkerung bezeichnet. Andererseits erscheinen in der Ora maritima Ligurer im nordwestlichen Gallien, in der Nähe der Loire (im Alterthum Liger genannt), sonderbarer Weise in einer Gegend, wo einige Jahrhunderte nachher Veneter (in der Gegend des jetzigen Vannes) genannt werden, so daß man sich versucht fühlen könnte, die beiden Veneter=Stämme, den im Osten und den im Westen, mit den Ligurern in ein näheres Verhältniß zu bringen. Einige neuere Untersucher, wie Baron Roget de Belloguet tragen kein Bedenken, den Namen der Lhoegrwys, die altwallisische Bezeichnung des englischen Volkes, gleichfalls auf Ligurer zu beziehen, und diesen somit sehr ausgedehnte Wohnsitze zuzuschreiben.

Wie diese Streitfrage auch entschieden werden mag, so liegt doch meiner Meinung nach bis jetzt kein Grund vor, Ligurer und Iberer zu identificiren. Von der Sprache der ersteren wissen wir bis jetzt eigentlich gar nichts; von ihren sonstigen Eigenschaften sehr wenig. Nur in dieser Unbekanntschaft und in dem Alter des Volkes wurzelt die Neigung, sie einer plausiblen Erklärung zu unterwerfen und zwar der, daß sie mit ihren nächsten, mindestens eben so alten Nachbarn, den Iberern, blutsverwandt gewesen seien. Aber es scheint mir, daß gewichtige Gründe gegen eine solche Vereinigung sprechen. Auch die ältesten Schriftsteller, welche persönliche Kenntniß von beiden Völkern hatten, trennen sie von einander, ja sie bringen sie eher in einen feindlichen Gegensatz. Wurden doch die iberischen Sikaner von Ligurern aus ihren früheren Sitzen (wo?) vertrieben. Keiner der Alten schreibt beiden Völkern gemeinsame Abstammung zu. Dazu kommt, daß die gegenwärtigen Nachkommen beider Völker, die Sarden und die Basken, sich physisch wesentlich unterscheiden: jene sind kurzköpfig, diese langköpfig. Was sollte uns zwingen, über solche Thatsachen hinwegzusehen?

Wir sind so zu einer Aussonderung zweier Urvölker gekommen, die schon feste Wohnsitze hatten, als das Licht der Geschichte vor nunmehr fast drittehalbtausend Jahren zuerst die Küstenstriche des Abendlandes beleuchtete. Das eine dieser Völker, das iberische, hat noch bis auf den heutigen Tag in einem kleinen Winkel des alten Heimathlandes seine Sprache gerettet, und wir können es bestimmt als ein vorarisches bezeichnen. Das andere, das ligustische, obwohl gleichfalls noch jetzt in seinen späten Nachkömmlingen, ebenso beschränkt auf einen Grenzwinkel, erkennbar, hat längst seine Sprache eingebüßt; wir wissen auch sonst nichts von derselben und wir können daher auch nicht aburtheilen über die Beziehungen dieses Volkes zu den Indogermanen. Möglicherweise war es die Vorhut der arischen Einwanderung; möglicherweise war es unarisch.

Ich unterlasse es, von einer dritten, sehr alten und von einigen als vorarisch betrachteten Bevölkerung zu sprechen, von den Rhätiern, welche das Hochland der Alpen, einen Theil der östlichen Schweiz und Stücke des südlichen Deutschland bewohnten. Vielerlei spricht dafür, daß sie mit den Etruskern zusammenhängen, deren alter Name Rasener an Rhätier anklingt, und obwohl auch für die Etrusker die Forderung erhoben ist, daß sie ein nichtarisches Volk mit fremder Sprache gewesen seien, so ist doch diese Untersuchung keineswegs abgeschlossen. Ueberdieß scheint es kaum zweifelhaft, daß die Etrusker spätere Einwanderer waren, und daß ihr nachmaliges Stammland (Toskana) ursprünglich ligustisches Gebiet darstellte.

Dagegen ist es nothwendig zu sprechen von einem anderen, nichtarischen Volke Europa's, mit welchem man in hartnäckigster Weise sowohl die Iberer und Ligurer, als auch die Etrusker hat in Beziehung setzen wollen, nämlich dem finnischen. Seine Geschichte beginnt freilich sehr spät. Wohnte dieses Volk doch im fernsten Norden, wo wenigstens für die alten Gelehrten die kimmerische Nacht herrschte. Der Name der Fenni oder Finni erscheint zuerst in den römischen Schriftstellern kurz nach Christi Geburt, angewendet auf ein Volk im äußersten Nordosten Europas. Neben ihm werden früh Aesther genannt, ein Name, von dem es zweifelhaft ist, ob er Ostländer überhaupt oder bloß Esten bezeichnen sollte.

Die neuere Sprachforschung hat gelehrt, daß der finnische oder, wie man ihn auch nennt, der ugrische oder tschudische Stamm zahlreiche Völkerschaften umfaßt und ein großes Gebiet des nordöstlichen Europa und des nördlichen Asien einnimmt. Zu ihm gehören nicht bloß die eigentlichen Finnen, sondern auch die Lappen, die Esten und Liven, die Tschuden und Wotiaken, die Mordwinen und Tscheremissen, die Wogulen und Ostiaken, die Samojeden, — kurz, eine Reihe in sich sehr verschiedener Völkerschaften, welche die nördlichsten Theile der skandinavischen Halbinsel, die Küstenländer des bottnischen und finnischen Meerbusens, sowie des weißen Meeres, endlich das obere Wolga-Gebiet bis zum Ural und darüber hinaus bewohnen. Es ist historisch beglaubigt, daß ein großer Theil, ja das eigentliche Herz Rußlands noch ziemlich spät tſchubiſch waren. Ob und wie weit die Völkerſchaften der Skythen, welche ſchon die Hellenen am Nordufer des ſchwarzen Meeres kannten, gleichfalls hierher gehören, iſt unſicher. Wären auch ſie, wie der Anlaut der Namen anzudeuten ſcheint, wirklich Tſchuden geweſen, ſo würde freilich die hiſtoriſche Kenntniß des Stammes ſehr viel älter ſein, als die Erwähnung des Namens der Finnen vermuthen läßt.

Zu den finniſchen Völkern gehört ſonderbarerweiſe auch ein ganz abgeſprengter Stamm, eine von allen Verwandten abgetrennte Völkerinſel, nämlich die Ungarn oder Magyaren. Sie ſind ſo vollſtändig durch Slaven von den übrigen Finnen getrennt, ſo nahe an die Germanen herangeſchoben, daß man leicht auf den Gedanken kommen könnte, ſie ſeien gleichfalls ein ſitzengebliebener Urſtamm, wie die Iberer oder die Ligurer. Aber wir wiſſen, daß ſie erſt ſpät, zu Ende des 9. Jahrhunderts nach Chriſto, in ihr jetziges Land einwanderten, und wenngleich in neueſter Zeit gegen die bisher feſtgehaltene Meinung, daß ſie früher in Ugrien (GroßUngarn) am Ural und an der Wolga geſeſſen hätten, Einſpruch erhoben iſt, ſo weiſt doch ſowohl ihre Sprache, als ihr Schädelbau beſtimmt auf finniſchen Urſprung hin. Damit ſoll jedoch keineswegs ausgeſagt ſein, daß die Magyaren, als ſie vom Pruth und der untern Donau her in das heutige Ungarn eindrangen, ein unvermiſchtes Volk waren; vielmehr mag es ſein, daß, wie Hr. Obermüller will, ihnen und namentlich ihrem Adel alaniſche (ariſche) Elemente aus dem Kaukaſus, und, wie die früheren Berichterſtatter vielfach annahmen, türkiſche Elemente aus dem Steppengebiete nördlich vom Caspi-See beigemiſcht waren.

Für die Unterſuchung über die Zuſammengehörigkeit der finniſchen Völker und ihre gemeinſame Abſtammung iſt uns zunächſt die Sprachforſchung ebenſo Leiterin, wie ſie es bei den indogermaniſchen Völkern war. Sie führt uns immer weiter öſtlich nach Asien zu den Völkerschaften, welche das westliche Sibirien bis zum Jenissei und bis zum Altai = Gebirge bewohnen. In diesem, über unsere gegenwärtige Aufgabe hinausliegenden Gebiete grenzen sie östlich mit den eigentlichen Mongolen, deren höchste Entwickelung das chinesische Volk darstellt, und südlich mit den türkischen (turkomannischen) und tatarischen Stämmen, deren eigent= liche Heimath das nördlich von Iran gelegene Steppenland Turan's ist. Die Verwandtschaft aller dieser Völker untereinander ist trotz mancher Bedenken gegenwärtig so sehr anerkannt, daß ein großer Theil der Gelehrten die finnischen Völker einfach als eine Unter= abtheilung der Mongolen betrachtet, und daß die Mehrzahl die finnischen und die türkisch=tatarischen Völker in einem bestimmten Gegensatze zu den Ariern oder Iraniern unter dem gemeinsamen Namen der turanischen zusammenfaßt. Ohne einen näheren Zusammenhang mit den sogenannten flektirenden Sprachen der Arier herrschen hier agglutinative Sprachen vor, und obwohl manches ähnliche Wurzelwort in beiden aufgefunden werden kann, so sind sie doch in der Regel und in Hauptsachen völlig ver= schieden.

Für den Nachweis ausgiebiger Wanderungen turanischer Völker aus den Steppen und Gebirgsländern Hochasiens liegen sichere historische Thatsachen vor. Die Chinesen stiegen in ihr heutiges Flachland vor mehr als 4000 Jahren von den nordwest= lich davon gelegenen Gebirgen herab. Türkische und tatarische Züge sind wiederholt bis tief in den Westen geführt worden. Die große Völkerwanderung hatte am Altai ihren Ausgang. Die Einfälle der Tataren, die einmal bis nach Schlesien führten, und die der Türken, die vor Wien endigten, gehören der Geschichte des späteren Mittelalters an, und noch jetzt sitzen im südlichen Rußland zahlreiche turanische Stämme, deren asiatische Abkunft niemand bezweifelt. Nur von den eigentlich finnischen Stämmen.

die uns am meisten interessiren, wissen wir nichts Aehnliches, es sei denn die Wanderung der Magyaren. Der Hauptstock im nördlichen Rußland, in Finnland und Skandinavien erscheint im gewöhnlichen Sinne als „eingeboren". Trotzdem wird die Frage nicht ernsthaft besprochen zu werden brauchen, ob die Finnen hier entstanden sind. Am wenigsten unter allen Ländern sind gerade diese nördlichen Gebiete einer solchen Ansicht günstig. Ganz selbstverständlich erscheint daher die Vorstellung, daß auch die Nordfinnen Europa's aus Asien eingewandert sind. Da aber sowohl die Germanen, als sie in Skandinavien einwanderten, als auch die Slaven, als sie sich mehr und mehr in Rußland ausbreiteten, überall die Finnen zurückdrängten und unterwarfen, so steht nichts der Annahme entgegen, daß die letzteren schon vor der arischen Einwanderung Skandinavien und Rußland besetzt hatten.

Wir wären also dahin gelangt, an den zwei äußersten Grenzpunkten Europa's vorarische Urbevölkerungen kennen gelernt zu haben: einerseits im äußersten Südwesten und Westen die Iberer und vielleicht die Ligurer, andererseits im äußersten Nordosten und Osten die Finnen. Nun trifft es sich sonderbar genug, daß beide Urbevölkerungen gewisse Uebereinstimmungen darbieten. Die Ligurer, deren Sprache uns unbekannt ist, waren, soweit bis jetzt ermittelt ist, kurzköpfig (brachycephal), wie es die Finnen und die Lappen sind. Die Sprache der Basken aber, welche noch lebt, hat einen ähnlich agglutinativen Bau, wie die Sprache aller jetzt noch existirenden finnischen Stämme. So ist denn die Meinung entstanden, daß diese drei Völker zusammengehören, daß also auch die Basken und die Ligurer finnisch oder, anders ausgedrückt, mongoloid oder turanisch seien. Daraus ist wiederum der Schluß abgeleitet worden, daß auch der große Zwischenraum, welcher selbst die westlichsten finnischen Stämme, die Esten und Liven der russischen Ostseeprovinzen, von Südfrankreich und Spanien trennt, einstmals mit finnischen oder turanischen Nationen erfüllt gewesen sei, daß mit einem Worte ganz Europa in vorarischer Zeit eine turanische Bevölkerung gehabt habe.

Die geschichtliche Ueberlieferung, ja die Sage läßt uns hier gänzlich im Stich. Ein einziger Volksstamm kann angeführt werden, dessen Name wenigstens an den der Ligurer oder Ligyer anklingt. In den ersten beiden Jahrhunderten unserer Zeitrechnung wird mehrfach ein großes Volk der Ligier (auch Lygier, Lugier oder Logionen genannt) in dem heutigen Schlesien und den anstoßenden Theilen von Polen aufgeführt, welches später südwärts wanderte und zuletzt an der untern Donau erscheint. Aber immer wird es als ein germanisches Volk bezeichnet und die bloße Namensähnlichkeit, welche mit eben so viel Recht auf die polnischen Lechen bezogen worden ist, kann uns nicht genügen. Um so weniger, als gerade bei den Urbevölkerungen gegründete Zweifel bestehen, ob sie selbst sich ebenso genannt haben, wie uns ihr Name durch ihre arischen Nachbarn überliefert worden. Die Basken nennen sich selbst Euskaldun und ihre Sprache (unsere iberische) Euskara; die Finnen nennen sich Suome, die Lappen Sami oder Sabme, die Esten Rahwas. Wie die Ligurer oder Ligyer sich selbst nannten, wer weiß es? Der bloße Name der Ligier beweist daher ebensowenig für ihre Verwandtschaft mit den Ligurern, wie etwa der Name der slavischen Wenden, den dieses Volk niemals für sich gebraucht hat, für seine Verwandtschaft mit den nordistalischen oder gar mit den westgallischen Venetern. Und doch haben sich namhafte Gelehrte durch solche Namensähnlichkeiten täuschen lassen.

Bei dem Mangel geschichtlicher Anknüpfungen hat man sich an physische (anatomische und physiologische) Merkmale gehalten. Die weiße Farbe der Haut, die helle Farbe der Haare und Augen, namentlich blonde oder röthliche (und zugleich mehr glatte oder lockige) Haare und blaue Augen, lange und schmale (dolichocephale) Schädel mit zurücktretendem Kieferbau, hohe und kräftige Körper sind als die gemeinsamen Merkmale der Arier, eine dunklere, mehr bräunliche oder gelbliche Hautfarbe, braune oder schwarze (krause) Haare und dunkle Augen, kurze und breite (brachycephale) Schädel mit vorspringendem Kiefer, zarterer, niedrigerer und schwächerer Körperbau als Merkmale der Turanier bezeichnet worden. Die Schilderungen der Kelten, der Germanen und zum Theil der Slaven, welche uns aus dem Alterthum überliefert sind, passen für den ersten, die Schilderungen der Iberer, der Lappen und Esten für den zweiten Fall.

Mit diesen Voraussetzungen wandte man sich an eine Prüfung der physischen Eigenschaften der lebenden mitteleuropäischen Bevölkerungen. Da ergab sich denn, daß in Deutschland und Frankreich, den für diese Untersuchung am meisten geeigneten Ländern, die Zahl von Menschen, auf welche die altarischen Merkmale zutreffen, in verschiedenen Landestheilen eine sehr verschiedene, aber doch im Ganzen eine verhältnißmäßig beschränkte ist. In großen Gebieten überwiegen sogar die „turanischen" Charaktere. In Beziehung auf die Farbe der Haut, der Haare und Augen, sowie die Körperbeschaffenheit genügt es hier, auf die Allen zugängliche, tägliche Erfahrung zu verweisen. Messungen der Schädel aber haben gezeigt, daß nicht nur, was man schon länger weiß, unter den Slaven kurze und breite Schädel sehr häufig sind, sondern daß auch in Nord- und Süddeutschland, in Dänemark, in der Schweiz, in Belgien, Holland und Frankreich, ja, auch in England und bis tief in Mittelitalien hinein die brachycephale Schädelform sehr häufig, an vielen Orten sogar die überwiegende ist.

Es hat sich ferner durch prähistorische Forschungen ergeben, daß in vielen der genannten Länder in uralten Gräbern, in Höhlen,

welche vor unvordenklicher Zeit bewohnt oder zu Grabstätten benutzt sind, tief versenkt in Torfmooren und alten Flußbetten,
brachycephale Schädel, zuweilen mit stark vorspringenden Kiefern,
gefunden werden, welche in keiner Weise der vorausgesetzten Doli-
chocephalie der Arier entsprechen. Und da ganz unzweifelhaft nicht
wenige dieser Schädel einer vorarischen Zeit angehören, wie wir
noch sehen werden, so schien der Schluß sehr gerechtfertigt, daß
vor der Einwanderung der Arier, weithin durch ganz Europa verbreitet, eine kurzköpfige Bevölkerung gelebt habe, welche den bis
in die historische Zeit, ja zum Theil bis in die Gegenwart fort-
bestehenden Urvölkern angeschlossen werden müsse. Viele betrachten
es als unzweifelhaft, daß der kurzköpfige und dunklere (bräunliche,
brünette) Bruchtheil der gegenwärtigen Bevölkerung Europa's die
Nachkommenschaft dieser Urbevölkerung sei, welche letztere durch
die langköpfigen und hellen arischen Einwanderer wohl unterworfen und zerdrückt, aber nicht ausgerottet worden. Die Macht
der Erblichkeit erhalte nicht nur den altturanischen Typus trotz
aller Vermischung der arischen und der turanischen Familien, sondern — so muß man wenigstens schließen — das turanische Blut
trage sogar mehr und mehr den Sieg über das arische Blut
davon.

Dänische und schwedische Gelehrte sind es gewesen, welche
diesen Gedankengang zuerst eröffnet haben. Lag ihnen doch das
Beispiel ihres Landes am nächsten. Wie hier die finnischen Stämme
von Jahr zu Jahr mehr verschwinden, so dachten sie sich auch
bald Lappen, bald Finnen als die später verschwundene Urbevölkerung Deutschlands und Mitteleuropa's überhaupt. Diese Vorstellung ist dann namentlich in Frankreich und Belgien weiter
ausgebildet worden; ihren schärfsten und zugleich politisch wichtigsten Ausdruck hat sie in dem bekannten Buche des Hrn.
de Quatrefages über die preußische Rasse gefunden, worin

geradezu der Nachweis versucht worden ist, daß das preußische Volk in seiner Mehrzahl finnischen Ursprungs sei und daß es daher ganz mit Unrecht die Führerschaft der Deutschen usurpire. Andere Forscher in Frankreich und Belgien, in Süddeutschland und Italien haben zunächst an die Ligurer, die ihnen am nächsten lagen, angeknüpft; andere wieder an die Iberer, — nicht wenige mit einer gewissen Hinneigung zu der Meinung, daß Ligurer und Iberer zusammengehörig und gleichfalls finnischer Abstammung seien.

So sehr in sich abgeschlossen und so verführerisch diese Darstellung erscheinen mag, so muß ich doch, wie schon bei verschiedenen früheren Gelegenheiten, davor warnen, sie ohne weitere und erst zu liefernde Proben anzunehmen. Ihre Voraussetzungen sind durchaus unsicher, ja zum Theil geradezu willkürlich.

Was zunächst die scheinbar zuverlässigste Probe, die der Schädel, anlangt, so habe ich durch ausgedehnte Vergleichung der vorhistorischen Schädel Dänemarks, Norddeutschlands und Belgiens dargethan, daß nur ganz vereinzelte Beispiele existiren, in denen eine gewisse Aehnlichkeit mit den Schädeln der heutigen Lappen oder Finnen zugestanden werden kann. Von den bis jetzt bekannten vorhistorischen Kurzschädeln dieser Länder zeigt die Mehrzahl andere Eigenschaften. Aber nicht genug damit. Gerade die allerältesten und zugleich am besten charakterisirten Schädel, vor allen die ältesten belgischen und französischen Höhlenschädel (von Engis, Cro-Magnon u. s. f.) sind ausgezeichnete Langschädel. Wüßten wir nicht, daß die Arier in der Zeit, wo noch das Renthier, ja, wo selbst der Höhlenbär und das Mammuth (der Urelephant) in Mitteleuropa lebten, noch gar nicht in diese Gegenden eingewandert waren, daß vielmehr eine dolichocephale Höhlen-Bevölkerung an der Maas und an der Dordogne Jahrtausende vor dem bis jetzt zulässigen frühesten Anfangstermin dieser Einwanderung vorhanden war, so könnten wir nicht ohne einen gleichen Schein von Recht die Vermuthung aufstellen, schon die ältesten Troglodyten Europa's seien vom arischen Stamme gewesen.

Aber wer kann überhaupt den Beweis liefern, daß alle Arier hellfarbig, blond, blauäugig und langköpfig waren? Warum waren denn schon die alten Römer so sehr erstaunt über die körperliche Erscheinung der keltischen und germanischen Stämme, mit denen sie zuerst in Berührung kamen? Waren denn nicht die Bewohner von Latium und Umbrien gleichfalls Arier? Und wer sagt uns, daß die Hellenen ein blauäugiges und blondhaariges Volk waren? Mochten sie immerhin dolichocephal sein, wie auch meine Messungen wahrscheinlich machen, so wird doch niemand, der die hellenische Literatur kennt, daran zweifeln, daß rein weiße Hautfarbe, daß blondes Haar und blaue Augen schon in ältester geschichtlicher Zeit ungewöhnliche und daher besonders bemerkte Erscheinungen waren. Auch die Mehrzahl der Neger ist dolichocephal, und ein einfacher Rückschluß von einem langen Schädel auf Hellfarbigkeit ist gerade so unzulässig, wie der Rückschluß von einem kurzen Schädel auf braune oder bräunliche Hautfärbung.

Am schlimmsten steht es in dieser Beziehung mit den noch fortlebenden Urvölkern. Die spanischen Basken der Gegenwart, obwohl nach Aller Beschreibung brünett, sind doch langschädlig. Die Finnen im Herzen von Finland, wohin niemals arische Einwanderung vorgedrungen ist, sind große und kräftige Leute mit hellblondem Haar und lichten Augen, obwohl sie ausgemachte Kurzschädel besitzen. Wie kann man nun zwei so verschiedenartige Stämme zusammenwerfen, wenn man auf der andern Seite eine solche Unveränderlichkeit der Typen behauptet, daß durch viele Jahrtausende hindurch diese Typen in leicht erkennbarer Weise fortbestehen sollen? Lappen und Finnen sind so verschieden von

einander, daß man sie auf den ersten Blick unterscheidet, heute so
gut, wie zu Linné's Zeiten, und wenn man gar die anderen
finnischen Stämme zur Vergleichung heranzieht, so zeigt sich eine
so große Kluft zwischen einzelnen derselben, daß man sie leichter
trennen als vereinigen kann. Schon Lappen und Esten sind so
sehr verschieden von einander, daß ihre Schädel nicht mehr auf
ein einziges Maaß zurückgeführt werden können; die ersteren sind
dunkelfarbig und gelegentlich fast schwärzlich, die letzteren hellfarbig und nicht selten ganz blond und blauäugig.

Wir stoßen hier auf eine principielle Schwierigkeit, welche bis
jetzt nicht gelöst werden kann. Wie groß ist die mögliche Breite
der Schwankungen der physischen Merkmale innerhalb derselben
Rasse? Ich meine damit nicht die individuellen Schwankungen.
Von diesen wissen wir, daß sie bis zum geraden Gegentheil des
Stammestypus gehen können. Es giebt einzelne weiße Neger und
gelegentlich wird ein Weißer schwarz oder doch braunschwarz,
bronze- oder mulattenfarbig, nicht in Folge einer gemischten Abstammung, sondern aus inneren Gründen der Organisation. Diese
Fälle gehören in das Gebiet der Pathologie und sie sind mehr
oder weniger krankhaft. Ebenso verhält es sich mit den Schädeln.
In einer Rasse können durch individuelle Bedingungen so große
Abweichungen in der Entwickelung der einzelnen Schädelknochen
auftreten, daß, wie ich dargethan habe, jeder Rassenform eine
pathologische Form an die Seite gestellt werden kann. Eine
langköpfige Rasse kann auf diese Weise einzelne ihrer Mitglieder
kurzköpfig, eine hochköpfige einzelne Stammesgenossen flachköpfig
werden sehen. Aber auch pathologische Störungen können sich
erblich fortpflanzen, zumal dann, wenn die Bedingungen der Störung,
die Ursachen der Abweichung fortbestehen und auf eine Generation
nach der andern einwirken. So ist in der That die Frage zulässig, ob
die Lappen ihre Stammesmerkmale nicht zum Theil der Ungunst der

Verhältnisse verdanken, unter denen sie nun seit Jahrtausenden leben, ob nicht Kälte, einseitige und mangelhafte Nahrung, unzweckmäßige Kleidung, Unreinlichkeit, Familienheirathen es erklären, daß ihr Körper eine wirklich pathologische Erscheinung angenommen hat? Mit anderen Worten, es fragt sich, ob durch bestimmte Einflüsse innerhalb einer einzelnen Völkerschaft, wie innerhalb einer einzelnen Familie, in einem einzelnen Stamme, wie in einem einzelnen Individuum, der physische Stammescharakter dauernde und erbliche Abweichungen von solcher Stärke erfahren kann, daß dadurch die Erkenntniß der Gemeinsamkeit in hohem Maaße erschwert oder gänzlich unmöglich gemacht wird?

Theoretisch läßt sich einer solchen Auffassung nichts entgegensetzen. Praktisch erzeugt sie die allergrößten Schwierigkeiten. Denn es liegt auf der Hand, daß bei dem Mangel einer erkennbaren Uebereinstimmung in den physischen Merkmalen die Entscheidung über die ethnologische Stellung eines Volkes widerstandslos den Sprachforschern in die Hand gegeben wird, zumal wenn es sich um ein sehr altes Volk handelt. Auf rein linguistischem Wege ist die Eintheilung der europäischen Völker in arische und turanische zu Stande gekommen, und erst die physische Anthropologie hat die Frage nach der Reinheit der eingebornen arischen und turanischen Nationen aufgeworfen. Vom linguistischen Standpunkte aus, der in diesem Falle zugleich ein politischer ist, kann man eine lateinische „Rasse" oder Völkerfamilie innerhalb der Arier unterscheiden, aber diese sogenannte Rasse ist nicht eine einzige vom Standpunkte der Geschichte und der Anthropologie; sie ist es höchstens, politisch ausgedrückt, vom Standpunkte der Nationalität. Die „Muttersprache" entscheidet nichts in Bezug auf die „Blutsverwandtschaft". Der ligurische Sarde, der iberische Spanier gehört sprachlich derselben lateinischen „Rasse" an, wie der arische Kelte und

der arische Italiker. Die Sprache nationalisirt und de=
nationalisirt.

Man braucht deßhalb nicht so weit zu gehen, wie Hr.
d'Omalius d'Halloy, der sogar die gemeinsame Abstammung
der Arier und ihre Einwanderung aus Asien bestreitet, aber man
muß zugestehen, daß das Vorkommen der brünetten Varietät
innerhalb der heutigen europäischen Bevölkerung sich verschie=
ben erklären läßt. Es ist möglich, daß wir hier die Nach=
kommenschaft einer vorarischen Urbevölkerung vor uns haben; es
ist möglich, daß allmähliche Veränderungen der physischen Consti=
tution der arischen Einwanderer stattgehabt haben; es ist möglich,
daß Beides vorliegt. Ich meinerseits bin der letzteren Auffassung
zugeneigt. Aber ich bin bis jetzt außer Stande, beide Möglich=
keiten in der Praxis zu scheiden und z. B. zu zeigen, wie viel
von der Kurzköpfigkeit der modernen Völker dem vorarischen
„Blut", wie viel der späteren Abänderung des Rassencharakters
durch Cultur und Lebensweise zuzuschreiben ist.

Vom sprachlichen Standpunkte aus erhebt sich eine weitere
Schwierigkeit in Bezug auf die Verwandtschaft der nicht arischen
Sprachen. Sehr viele derselben, vielleicht die Mehrzahl, haben
den agglutinativen oder polysynthetischen Charakter. Sie beugen
z. B. das Zeitwort nicht, sondern bezeichnen die verschiedenen Zeiten
und Beziehungen durch zusätzliche Worte oder angehängte Sylben.
In dieser Einrichtung läßt sich eine gewisse Uebereinstimmung zwischen
den verschiedensten unarischen Sprachen auffinden. Die nordameri=
kanischen Ursprachen, das Finnische, das Baskische, viele Neger=
sprachen gehören in diesem Sinne einer einzigen größeren Sprachen=
gruppe an. Folgt daraus die Gemeinsamkeit ihres Ursprunges?
Ja und Nein. Nichts steht der Möglichkeit entgegen, am Ende
aller Forschung über den Menschen auf seine einheitliche Abstam=
mung zurückzukommen, und somit auch alle Sprachen auf einen

gemeinsamen Anfang zurückzuführen. Aber damit überspringen wir unendlich viele Mittelstufen der Entwickelung und zwar gerade diejenigen, welche uns am meisten interessiren. Ob die Neger Afrikas und die Indianer Nordamerikas schließlich auf eine gemeinsame Familienabkunft zu bringen sind, das steht auf einer Linie mit der Frage, ob auch die Weißen Europas eine mit den Negern und Rothhäuten gemeinsame Quelle haben. Es ist eben die Frage der gemeinsamen Abstammung aller Menschen. Aber ob aus sprachlichen Gründen etwa gewisse Negerstämme mit gewissen amerikanischen Stämmen zu einer gemeinsamen Nationalität vereinigt werden dürfen, das wäre eine besondere Frage, welche für sich und ganz unabhängig von der allgemeinen Frage zu beantworten wäre.

Genau so steht es aber mit der Angelegenheit der Basken oder, sagen wir lieber, der Euskalbun. Ist ihre Sprache, die Euskara, diese alte iberische Sprache, finnisch oder amerikanisch oder afrikanisch? Diese drei Möglichkeiten sind ganz ernsthaft verhandelt worden und eine jede hat ihre Vertheidiger gefunden. Unglücklicherweise hat bis jetzt Keiner das Räthsel überzeugend gelöst. Am nächsten liegt der Gedanke, daß die Iberer von Nordafrika her, vielleicht über die schmale Meerenge von Gibraltar, in das Land eingewandert seien. Dann müßten ihre nächsten Verwandten irgendwo in Nordafrika zu suchen sein. Hier stoßen wir auf das scheinbar gleichfalls uralte Volk der Berbern, dessen Stämme sich noch ziemlich rein in dem Gebirgslande des Atlas erhalten haben. Obwohl zum Theil sehr dunkel gefärbt, sind sie doch gänzlich verschieden von den Negervölkern in Centralafrika, dagegen geben sich mancherlei Merkmale ihrer Verwandtschaft mit anderen Küstenstämmen von Nordwest=, Nord= und Nordost=Afrika zu erkennen. Namentlich scheint zu ihnen die erst zu Anfang des 16. Jahrhunderts ausgerottete Urbevölkerung der canarischen In=

feln, das Volk der Guanches, gehört zu haben. Man hat diese Raffe im Ganzen mit einem klaffischen Namen die atlantische genannt. Gehören nun die Jberer zu derselben? Linguiftisch, so weit ich er= fehen kann, nicht. Kühne Denker haben deshalb für sie eine andere Heimath, und zwar im anderen Sinne gleichfalls eine atlantische gesucht.

Schon in sehr alten griechischen Sagen wird die Gegend, welche uns hier beschäftigt, viel besprochen. Man verlegte hierher die Inseln der Glückseligen und das Elyfium. Aber auch noch in später Zeit war viel davon die Rede, und Platon erzählt von einer Jnsel, welche vor den Säulen des Herkules, draußen im großen (atlantischen) Ocean gelegen und Atlantis geheißen habe. Sie sei größer als Afien und Afrika gewesen und. endlich im Meere versunken. An sie knüpft eine moderne Hypothese an. Hier dachte man, könne einstmals eine Verbindung mit Amerika bestanden haben, vermöge welcher eine wirkliche Bluts= und Sprachverwandtschaft der ameri= kanischen Rothhäute mit den Jberern Europas erklärlich werden möchte.

Freilich ließe sich eine solche Verwandtschaft auch noch auf einem anderen Wege erklären, der zwar weiter ist, aber keiner gleich gewagten Voraussetzungen über den Zusammenhang der Continente bedarf. Wären nämlich die Jberer ursprünglich mit den Finnen zusammengehörig, so gewännen wir eine ungleich sicherere Kette von Völkerstämmen, wenn wir über Osteuropa und Nordafien den Weg nach Nordamerika suchen. Hier ist es nicht nöthig, geo= logische Revolutionen vorauszusetzen, um Wanderungen finnischer Stämme sowohl nach Often, wie nach Westen zu erkennen; die Reihe der Völker mit agglutinativen Sprachen ist noch heutigen Tages eine fast ununterbrochene und nicht wenige Ethnologen sind, auch aus anderen Gründen, geneigt, die Einwanderung der ameri= kanischen Stämme von Afien her zuzulassen.

Es mag genügen, diese weit umfassenden Betrachtungen in

ihren Umrissen vorgeführt zu haben. Meiner Meinung nach ist eine Entscheidung zwischen diesen verschiedenen Möglichkeiten bis jetzt nicht thunlich. Ist doch gerade in den letzten Jahren eine weitere Möglichkeit vertheidigt worden, die nämlich, daß auch die Iberer vom Kaukasus stammen, wo noch in historischer Zeit ein Volk gleiches Namens gewohnt hat. Es mag jedoch bemerkt werden, daß die physiologische Betrachtung mit der linguistischen am wenigsten stimmt. Die Basken sind ein langköpfiges Volk und ihr Schädelbau zeigt viel mehr Uebereinstimmung mit dem der atlantischen Völker Afrika's, als mit dem irgend eines finnischen oder ugrischen Stammes. Ich besitze moderne Baskenschädel, welche mit den Schädeln von Guanches = Mumien eine unverkennbare Aehnlichkeit besitzen, und ich würde keinen Anstand nehmen, aus dieser Thatsache sehr entschiedene Folgerungen zu ziehen, wenn nicht der Einwand gestattet wäre, daß Spanien im Mittelalter bekannt= lich längere Zeit hindurch unter arabische Herrschaft gerathen war, und daß eine Beimischung maurischer Elemente zu der Bevölke= rung damals entschieden stattgehabt haben muß. So wenig Grund zu der Annahme vorliegt, daß dieses auch in Biskaya stattgefun= den hat, und namentlich in so starker Weise, daß die Beimischung noch jetzt einen bestimmenden Einfluß auf die Schädelbildung ausübe, so möchte ich doch noch nicht weiter gehen, als daß ich die gedachte Thatsache hervorhebe.

An sie reiht sich eine andere, von Oscar Heer aufgefundene Thatsache, nehmlich die Uebereinstimmung der in den schweizer Pfahl= bauten gefundenen Ueberreste der damaligen Culturpflanzen mit südlichen und namentlich mit afrikanischen Pflanzen, welche Ueber= einstimmung so groß ist, daß dieser treffliche und vorsichtige Forscher geradezu sagt, „das Volk der Pfahlbauten scheint in keiner näheren Beziehung zu den Völkern Osteuropa's gestanden zu haben." Diese Uebereinstimmung gilt von der Gerste, dem Weizen, der Hirse, dem

Flachs, dem Oelmohn, und sogar von den mit diesen Fruchtarten sich verbreitenden Unkräutern. So überraschend diese Erfahrung war, als sie zuerst bekannt wurde, so läßt sie doch auch die Er= klärung zu, daß nicht das Volk der Pfahlbauten selbst, sondern nur die ihm zugeführte Cultur vom Mittelmeer und über dasselbe hinaus von Aegypten stamme.

Trotz solcher Andeutungen nach dem Süden hin, die übrigens auf ganz verschiedene Zeiträume sich beziehen mögen, bleiben wir nicht bloß über die Abstammung der Iberer und Ligurer im Dun= keln, sondern es füllt sich auch noch keineswegs die Lücke zwischen ihnen und den finnischen Stämmen. Und doch muß überall in Frankreich und in Deutschland vor der Einwanderung der Kelten und Germanen eine ältere Urbevölkerung vorhanden gewesen sein. Es ist dieß die eigentlich prähistorische Bevölkerung, von der wir nicht bloß Gräber und Denkmäler, sondern auch Gebeine, Geräthe, Waffen, Schmuck, Reste der Nahrung und Bekleidung kennen, und von der wir doch noch nicht anzugeben vermögen, wohin sie gehört und von wannen sie kam. Nur das können wir bestimmt sagen, daß sie keine einheitliche, einem einzigen Volke angehörige war, daß vielmehr in fast jedem größeren Lande meh= rere prähistorische Stämme nachweisbar sind, von denen freilich nicht überall bestimmt gesagt werden kann, ob sie sich gegenseitig verdrängt haben oder ob sie neben einander gleichzeitig vorhanden waren. So zerlegt ein verdienter französischer Archäolog, Hr. Bertrand, die prähistorische Bevölkerung Frankreichs in drei, zeitlich auf einander folgende Gruppen: 1) die Höhlenbewohner (Troglobyten), 2) das Volk der großen Steindenkmäler (die me= galithische Gruppe), 3) das Volk der Grabhügel (tumuli).

Es wird jetzt ziemlich allgemein angenommen, daß die ari= schen Einwanderer schon im Besitze einer höheren Cultur waren, als sie in ihre europäischen Sitze einrückten. Merkmale der

Sprache deuten darauf hin, daß sie Hausthiere hatten, daß sie Getreide bauten, daß sie Metalle, vielleicht sogar das Eisen kannten. Gemeinsame Wurzelworte für die Hausthiere, die Erzeugnisse des Ackerbaues, die Metalle lassen sich durch alle indogermanischen Sprachen verfolgen. Freilich darf daraus nicht gefolgt werden, daß alle diese Stämme sich zur Zeit ihrer Einwanderung auf einer gleichen Culturstufe befanden; im Gegentheil ist es sehr wahrschein- lich, daß auf den langen Wanderungen von der asiatischen Heimath her und in der Berührung mit andern Völkern der Kreis der Kenntnisse jedes einzelnen Stammes sich sehr verschieden gestaltet habe. Immerhin können wir nirgend nachweisen, daß eines der ari- schen Völker zur Zeit seiner Einwanderung aus wilden Nomaden be- standen hat, denen alle Vorkenntnisse des seßhaften Lebens fehlten. Kein arischer Stamm war im modernen Sinne des Wortes barbarisch.

Nun ist aber durch ganz Europa verbreitet eine Fülle von Ueberresten der sogenannten Steinzeit. Freilich ist nicht jedes Steingeräth, es sind nicht einmal alle die viel besprochenen „Spähne" aus Feuerstein und verwandten Gesteinsarten prä- historisch. Noch in Frankengräbern des 5.—7. Jahrhunderts nach Christo finden sich neben Eisenwaffen und prächtigem Me- tallschmuck Feuersteinspähne und zwar der allerrohesten Art, ebenso wie sie in ägyptischen Gräbern des 3. Jahrhunderts vor Christo vorkommen, also aus einer Zeit, wo Eisen dort längst in vollem Gebrauche war. Es sind das symbolische Beigaben, religiöse Traditionen. Manches andere Steingeräth, das jetzt beim Pflügen oder Torfstechen zu Tage kommt, mag noch in späterer Zeit wirklich benutzt worden sein, wie selbst bei uns hier und da noch jetzt mancherlei Stein gebraucht wird. Aber wir kennen vielerlei Fundstätten der Vorzeit, in denen unzweifelhaft nichts von Metall, weder Bronce, noch Eisen vorkommt, sondern

wo außer Steingeräth nur hölzerne oder knöcherne Werkzeuge
angetroffen werden. Das sind die Gräber, die Wohn- und
Lagerplätze der Steinvölker.

Ich habe in einem vor 9 Jahren gehaltenen Vortrage über
Hünengräber und Pfahlbauten (diese Sammlung Serie I. Heft 1)
diese Angelegenheit behandelt und kann darauf verweisen. Aber
seit jener Zeit hat unsere Kenntniß der Vorgeschichte Europa's
wichtige Fortschritte gemacht. Während man bis kurz vor jenem
Zeitpunkte die Steinzeit und selbst die Broncezeit überwiegend
aus skandinavischen und norddeutschen Funden kannte und sehr
geneigt gewesen war, sie als eine wesentlich nordische Angelegenheit zu behandeln, so weiß man jetzt, daß, gleichwie Indien und
Japan, Brasilien und Syrien, so auch jedes Land Europa's sein
Steinalter hatte. Auch in den alten Kulturländern Italiens
und Griechenlands, und nicht minder in Finland und auf der
iberischen Halbinsel finden sich Steingeräthe, und es hat sich die
sonderbare Thatsache herausgestellt, daß der gemeine Mann für
gewisse Steinhämmer überall denselben Namen, den der Donnerkeile
oder Blitzsteine (Astropelekyen) anwendet, zum besten Beweise, daß
nirgends mehr in dem Gedächtnisse eines lebenden europäischen
Volkes die Herstellung solcher Geräthe als eine menschliche Ar-
beitsleistung überliefert ist. In der nordischen Mythologie führte
der Gott Thor den Steinhammer, und im Süden findet sich
wenigstens die verwandte Sage, daß Zeus Steine vom Himmel
regnen ließ, um seinen Sohn Herakles im Kampfe mit den Ligurern zu schützen, als er mit den geraubten Stieren des Gery-
oneus aus Hesperien (Iberien) zurückkehrte. Dieses „Stein-
feld" wurde in der Nähe der Rhone-Mündung gezeigt.

Nichts berechtigt uns bis jetzt zu der Annahme, daß die
finnischen Stämme in Europa eine Steinzeit gehabt haben. Soweit mir bekannt ist, hat man weder in Finland, noch in Est-

(42)

land ein eigentliches Steingrab d. h. ein Grab mit Beigabe von reinem Steingeräth aufgedeckt; noch weniger sind daselbst Stein= gräber mit charakteristischen Schädeln angetroffen. Was man von prähistorischen Schädeln finnischer Raſſe in Belgien und Frank= reich erzählt hat, gehört durchaus in das Gebiet willkürlicher An= nahmen. Ungleich näher liegt eine ſolche Annahme bei den Stein= gräbern der däniſchen Inſeln, in denen eine Raſſe mit kürzerem und breiterem Schädelbau beſtattet iſt, und die nordiſchen Alter= thumsforſcher, welche dieſe Raſſe mit der finniſchen identificirten, konnten einen nicht geringen Anſchein von Recht für ihre Meinung in Anſpruch nehmen. Trotzdem haben meine Meſſungen ergeben, daß auch dieſe Annahme inſofern nicht zutrifft, als die Gräber= ſchädel der däniſchen Steinzeit den Schädeln der heutigen Bevöl= kerung Dänemarks, welche man für eine germaniſche hält, näher ſtehen, als denen der heutigen Finnen und Eſten. Nichts That= ſächliches ſpricht alſo dafür, daß jemals früher finniſche Stämme weiter nach Weſten in Mitteleuropa gewohnt haben, als wo wir noch heutigen Tages ihre Grenzen finden. Selbſt wenn es richtig wäre, daß gewiſſe Kurzſchädel der Renthierzeit in Belgien und Frankreich der finniſchen Raſſe' zuzuſchreiben ſind, ſo würde die Frage berechtigt ſein, ob in einer Zeit von ſo verſchiedenen klima= tiſchen Verhältniſſen Finland und Lappland bewohnbar geweſen ſind. Auch die früheſte geſchichtliche Erinnerung von der Exiſtenz der Finnen, welche uns bei Tacitus erhalten iſt, und in welcher es heißt, daß ſie aus Mangel (oder aus Seltenheit?) des Eiſens ihre Pfeile mit Knochenſpitzen verſehen hätten, ſpricht gegen die Einordnung der Finnen unter die Steinvölker, inſofern dieſe ſich mit Vorliebe ſteinerner Pfeilſpitzen bedienten.

Einigermaßen ähnlich ſteht es mit den Iberern. Steingeräth iſt allerdings auf der iberiſchen Halbinſel ſehr verbreitet; nament= lich die geſchliffenen Steingeräthe zeigen viel mehr Aehnlichkeit

mit denen Griechenlands, als mit denen des Nordens. Es begreift
sich dieß, wenn man erwägt, daß die südliche Steinzeit aller
Wahrscheinlichkeit nach viel älter ist, als die nordische. Der große
Metallreichthum der iberischen Halbinsel mußte sogar zu einer
weit früheren Benutzung des Kupfers und anderer Metalle führen,
als die Gelegenheit in Griechenland geboten war; als die erste
phönicische Colonisation von Sidon aus, etwa im 12. Jahrhundert
vor Christo, daselbst Platz griff, war die Gewinnung und Bear=
beitung der Metalle allem Anschein nach in Iberien schon bekannt.
Aber nur ein Umstand könnte als Unterstützung dafür angeführt
werden, daß die Iberer schon in der ältesten Steinzeit ihre Wohn=
sitze in diesem Lande aufgeschlagen hatten: die Thatsache nämlich, daß
ein großer Theil der ältesten Schädel Portugals, Spaniens und
Aquitaniens einer langköpfigen Rasse angehört. Namentlich aus
dem Gebiete der Garonne kennt man eine Höhlenbevölkerung der
Renthierzeit, ausgezeichnet durch einen ungewöhnlich hohen Grad
künstlerischer Cultur, wie ihre Rückstände in den Uferhöhlen der
Dordogne darthun, welche wohl in Vergleichung gezogen werden darf.
Trotz ihrer Größe und ihrer langen Schädel ist sie freilich auch
nicht dem Geschick entgangen, von Hrn. Pruner zu·der mongo=
loiden Rasse gezählt zu werden.

Wie man die Troglodyten der Dordogne, namentlich die von
Cro=Magnon mit den Iberern wegen ihrer Langköpfigkeit und
Größe vergleichen kann, so kann man die gleichfalls der Renthier=
zeit zugerechneten Troglodyten aus der belgischen Höhle von Fur=
fooz im Thale der Lesse, einem Nebenflusse der Maas, ihrer
(relativen) Kurzköpfigkeit und Zartheit wegen mit den Ligurern
zusammenstellen. Aber bei der geringen Zahl der bis jetzt be=
kannten Höhlenschädel möchte ich nicht bis zu der Behauptung
gehen, daß wirklich schon zur Renthierzeit iberische und ligurische
Stämme in Spanien, Frankreich und Belgien gehaust haben. Und

zwar um so weniger, als andere langköpfige und andere kurzköpfige
Schädel uralter Zeit bekannt sind, welche sich sowohl dem geographi-
schen Raume, als auch ihrer sonstigen Besonderheit nach schwer in
Beziehung zu Iberern oder Ligurern setzen lassen. Bei einer
Untersuchung der belgischen Höhlenschädel, welche freilich nur zum
Theil der Renthierzeit angehören, konnte ich nachweisen, daß sie
sich mindestens in vier verschiedene Gruppen zerlegen lassen.

Eine Zeit lang hielt man, entsprechend der Vorstellung von der
turanischen Abstammung der Urbevölkerung, an der Meinung fest,
daß die Urrasse eine kurzköpfige gewesen sei und daß die Kurzköpfigkeit (Brachycephalie) ein Zeichen geringerer Hirnentwickelung
darstelle. Die neueren Forschungen haben beide Seiten dieser
Betrachtung zurückgewiesen. Man weiß jetzt, daß in Deutschland,
in Frankreich und in Italien die Kurzköpfigkeit nicht nur überaus
weit verbreitet ist, sondern daß auch das brachycephale Gehirn
vielfach größer und besser entwickelt ist, als das dolichocephale. Man
weiß ferner, daß eine Mehrzahl der alterältesten Schädel gerade
dolichocephal ist. Dahin gehören namentlich die berühmten Schädel
aus der belgischen Höhle von Engis, wo mit den Ueberresten des
Menschen die Ueberreste des längst verschwundenen Urelephanten,
des Mammuth untermischt lagen. Hier war es, wo durch die
unermüdliche Arbeit des verstorbenen Schmerling zuerst die bis
dahin von den größten Meistern aufrecht erhaltene Meinung, daß
der Mensch erst nach der Diluvialzeit auf der Erde erschienen sei,
widerlegt und die „Fossilität" desselben nachgewiesen wurde.

Die von mir ausgesprochene Meinung, daß die langköpfige
Rasse von Engis verschieden sei von der langköpfigen Rasse von
Cro-Magnon, ist in der jüngsten Zeit auch von den Herren
de Quatrefages und Hamy angenommen worden. Leider
haben sie sofort neue Irrthümer hinzugefügt, indem sie die Engis-
Schädel mit denen von Canstatt und vom Neanderthal, sowie

mit zahlreichen anderen zu einer gemeinsamen Gruppe vereinigt und diese ganze Gruppe mit den heutigen Australiern zusammengestellt haben. Da der am längsten bekannte Schädel dieser Gruppe der in dem Mammuthfelde bei Canstatt gefundene ist, so nennen sie das europäische Urvolk die Canstatt = Rasse. Leider hat eine eben veröffentlichte Mittheilung des Hrn. Hölder über den Canstatter Schädel große Zweifel über das Alter desselben erregt. Eine Vereinigung der Engis = Schädel mit dem Neanderthal = Schädel ist aus anatomischen Gründen unzulässig. Endlich giebt es nicht mehr Beweise für die australische Natur der Engis = Leute, als sich auch für die eskimotische Natur derselben beibringen lassen. Und doch sind die Australier und die Eskimos untereinander gänzlich verschieden: die ersteren gehören der schwarzen, die letzteren der gelben Rasse an.

Auch diese Richtung der vergleichenden Anthropologie ist nicht mehr neu. Sie hängt zusammen mit der Tendenz, die prähistorischen Völker zu dem Aufbau einer Entwickelungstheorie der Menschheit auf Grund aprioristischer Voraussetzungen zu verwenden. Australier und Eskimos sind niedere Rassen. Also müssen die prähistorischen Rassen ihnen verwandt sein. So ist die Deduction. Aber gerade die ältesten Schädel, die von Engis, vom Olmo, wie die von Cro = Magnon, tragen keineswegs die Merkmale niederer Rassen an sich. Nicht einmal der Charakter der Wildheit ist allen diesen Schädeln in bestimmter Weise aufgedrückt. Nur der Neanderthal = Schädel macht diesen Eindruck, und er hat sich als ein pathologischer erwiesen.

Noch ist die Zeit nicht gekommen, die Stellung der prähistorischen Völker der Steinzeit, der wirklichen Urbevölkerung Europas auch nur mit annähernder Sicherheit zu bestimmen. Noch ist diejenige Urrasse nicht entdeckt, welche als die niederste Erscheinungsform des Menschen und, wie man voraussetzt, als die einheitliche

Wurzel aller späteren Völkerfamilien betrachtet werden kann. Noch fehlen uns die „Abamiten". Wissen wir doch noch nicht einmal, wann der Mensch zuerst den Boden Europas betreten hat. Alle bisher mitgetheilten Betrachtungen beziehen sich auf Zeiten, wo die Erdoberfläche im Wesentlichen die heutige Gestalt hatte, wenngleich seitdem die Ströme vielfach ihr Bett verändert haben und Vulkane, die noch thätig waren, erloschen sind. Die Gebeine und die Erzeugnisse des Menschen sind daher häufig von späteren Anschwemmungen, von anwachsendem Torf und Moor, von Lavaströmen überdeckt. Aber auch die ältesten dieser Reste gehören doch durchweg dem Diluvium, der sogenannten Quaternär-Periode an. Hie und da werden freilich Funde gemeldet, sei es von „geschlagenen" Feuersteinen, sei es von einzelnen Menschenknochen, welche in noch älteren Schichten der Erdrinde gemacht sein sollen. Noch ist jedoch der „tertiäre" Mensch nicht sicher nachgewiesen, wenngleich er eben so wenig aus der Reihe der Möglichkeiten entfernt ist. Dafür ist der „quaternäre" Mensch eine sichere Errungenschaft der neueren Wissenschaft. Er war noch ein Zeitgenosse des Mammuth und er hat vielleicht diesen mächtigen Dickhäuter vernichten helfen. (Vergl. Fraas, diese Sammlung Ser. VII. Heft 168.) Er bewohnte das Land gemeinsam mit jener längst verschwundenen Schaar riesiger Säugethiere, dem Höhlenbären, dem Höhlenlöwen, der Höhlenhyäne, den Nashörnern und Flußpferden der Vorzeit. Der Unterkiefer des Höhlenbären mit seinen mächtigen Eckzähnen diente dem Höhlenmenschen des Harzes und der rauhen Alp, der Maas und der Dordogne als Waffe und Handwerkszeug. Und auch in der viel späteren Zeit, wo die Kälte der Eisperiode sich zu mildern begann, wo aber noch das Renthier, welches jetzt auf den äußersten Norden Skandinaviens und Finlands beschränkt ist, seine Wanderungen über Deutschland, die Schweiz und Frankreich bis zu den Alpen und den Pyrenäen ausdehnte, finden wir überall den Menschen in seiner Nähe; gewisse Merkmale sprechen sogar dafür, daß er schon damals das Ren wie ein Haus= thier behandelte. In den Kalkhöhlen Westfalens und Schwabens, des Lahn= und Maasthales, wie in denen von Südfrankreich birgt der Schutt, welcher den Boden derselben bedeckt, zahlreiche Zeugnisse menschlicher Thätigkeit; bearbeitete Geweihstücke und Knochen des Ren selbst sind aus allen diesen Gegenden bekannt.

Wie lange diese Zeit hinter der unserigen zurückliegt, wer kann es sagen? In seinem Vortrage über die Eiszeit (diese Sammlung Serie IV. Heft 94) hat Hr. Braun diese Frage besprochen. Setzt man nach ihm das Ende der Eiszeit auch nur um 9 oder 10 Jahrtausende vor unserer Zeitrechnung, so ergiebt dieß doch schon einen so großen Spielraum für die Phantasie, daß wir auch einen mehrmaligen Wechsel der europäischen Urbevölkerung ohne Schwierigkeit zulassen können. Denn um mehr als 2000 Jahre reicht auch die freigebigste Rechnung des Historikers in Europa nirgend zurück. Geben wir diese Zeit der arischen Ein= wanderung von Asien her, so steht nichts der Möglichkeit entgegen, in einer früheren Periode der Einwanderung von Afrika her eine gleiche Breite zuzugestehen. Niemals scheint das Ren die Pyre= näen überschritten zu haben, und hier sowohl, wie in Italien, dem die Spuren der Eiszeit fehlen, mochte sich schon eine reiche süd= liche Bevölkerung heimisch gemacht haben, als jenseits der Eis= gebirge noch nirgend ein Anreiz für die Einwanderung anspruchs= vollerer Stämme gegeben war. Und als endlich die Züge der Arier sich in den Küstenländern des Mittelmeeres ausbreiteten und ein neues Culturleben begannen, als in Europa die ersten Klein= staaten begründet wurden, da mochte immerhin noch ein Jahr= tausend oder mehr dahingehen, ehe auch an den Gestaden des baltischen Meeres die „Steinvölker" von den ersten Aposteln der Metallcultur erreicht wurden.

(48)   Druck von Gebr. Unger (Th. Grimm) in Berlin, Schönebergerstr. 17a.

elbig (Arnstadt), Die Sage vom ewigen Juden, ihre poetische Wandlung und Fortbildung.

oll (Rom), Ueber elektrische Fische.

irsche (Hamburg), Thomas von Kempen, der Verfasser der „Nach-folge Christi".

alkowski (Berlin), Die moderne chemische Theorie.

aron (Berlin), Das Heirathen in alten und neuen Gesetzen.

Boguslawski (Stettin), Die neueren Ergebnisse der Forschungen über Sternschnuppen, Feuerkugeln und Meteoriten.

rimm (Berlin), Ueber den belgischen Maler Wiertz.

. **Holtzendorff** (München), Der internationale Gefängnißcongreß und die Gefängnißsysteme.

ucher (Wien), Ueber ornamentale Kunst auf der Wiener Welt-ausstellung 1873.

Die früheren Serien I.—VIII. (Heft 1—192) sind nach wie vor, complet rochirt à 4 Thlr., complet gebunden à 4 Thlr. 20 Sgr. durch jede Buch-andlung zu beziehen. Bestellungen auf den laufenden Jahrgang nimmt jede uchhandlung und Postanstalt entgegen. Um neu hinzutretenden Abonnenten ine allmählige Anschaffung derselben zu erleichtern, läßt die Verlagshandlung den honnementspreis von 5 Sgr. für jedes Heft schon bei jedesmaliger Entnahme en 6 Heften der früheren Serien I.—VIII. nach folgendem Modus eintreten:

Es sind für je 1 Thlr. zu beziehen aus:

Serie I.: Heft 1—6; 7—12; 13—18; 19—24. — Serie II.: Heft 25—30; 31—36; 37—42; 43—48. — Serie III.: Heft 49—54; 55—60; 61—66; 67—72. — Serie IV.: Heft 73—78; 79—84; 85—90; 91—96. — Serie V.: Heft 97—102; 103—108; 109—114; 115—120. — Serie VI.: Heft 121—126; 127—132; 133—138; 139—144. — Serie VII.: Heft 145—150; 151—156; 157—162; 163—168. — Serie VIII.: Heft 169—174; 175—180; 181—186; 187—192.

Die Verlagshandlung ersucht um recht baldgefällige Erneuerung des Abonnements, damit keine Unter=brechung in der Zusendung stattfindet. Genaue **Prospekte nebst Inhaltsverzeichniß** der bisher erschienenen Hefte sind durch jede Buchhandlung zu beziehen. —